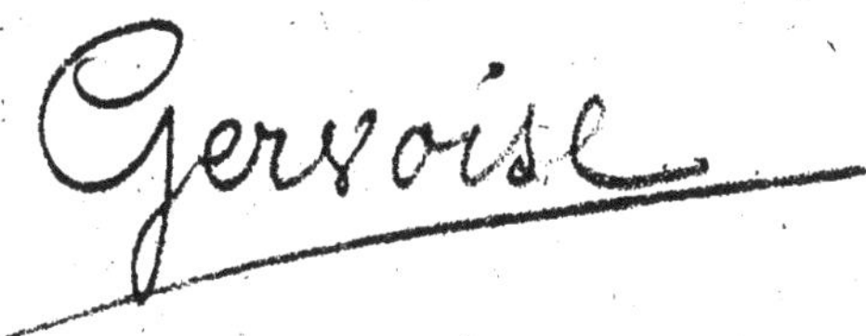

CATALOGUE

D'UNE GRANDE COLLECTION

DE MÉDAILLES

ANTIQUES

DU MOYEN AGE ET MODERNES

PROVENANT DE LA

Collection de feu M. l'abbé GERVOISE

DE CHAUMONT (OISE)

HOTEL DES COMMISSAIRES - PRISEURS

RUE DROUOT, N° 9, SALLE N° 6

Au premier étage

Le Lundi 21 Mars 1881

A une heure très précise

Par le ministère de Me DURANTON, Commissaire-Priseur

32, rue Saint - Lazare, 32

Assisté de MM. ROLLIN et FEUARDENT, Experts

4, rue de Louvois, 4

PARIS. — 1881

CATALOGUE

D'UNE GRANDE COLLECTION

DE MÉDAILLES

ANTIQUES

DU MOYEN AGE ET MODERNES

PROVENANT DE LA

Collection de feu M. l'abbé GERVOISE

DE CHAUMONT (OISE)

HOTEL DES COMMISSAIRES - PRISEURS

RUE DROUOT, N° 9, SALLE N° 6

Au premier étage

Le Lundi 21 Mars 1881

A une heure très précise

Par le ministère de Me DURANTON, Commissaire-Priseur

32, rue Saint-Lazare, 32

Assisté de MM. ROLLIN et FEUARDENT, Experts

4, rue de Louvois, 4

PARIS. — 1881

CONDITIONS DE LA VENTE

Elle sera faite expressément au comptant.

Les acquéreurs paieront *cinq pour cent* en sus des adjudications, applicables aux frais de vente.

La vacation étant très chargée, l'expert se réserve la liberté de réunir quantité de lots de bronzes romains de conservation ordinaire; ce sont généralement des pièces d'étude, toutes les bonnes ayant été décrites à part.

PARIS. — IMPRIMERIE ALCAN-LÉVY, 61, RUE DE LAFAYETTE.

CATALOGUE

D'UNE

GRANDE COLLECTION

DE

MÉDAILLES ANTIQUES

DU MOYEN AGE ET MODERNES

MÉDAILLES GRECQUES

1. **Espagne, Gaule.** 29 pièces AR.
2. **Espagne, Gaule.** Bronzes et potins 119 pièces
3. **Italie.** 132 pièces AR.
4. **Italie.** 212 pièces Æ.
5. **Sicile.** 21 pièces AR.
6. **Sicile.** 252 pièces Æ.
7. **Thrace, Macédoine.** 115 pièces Æ.
8. **Thrace, Macédoine.** 35 pièces AR.
9. De la **Thessalie** à l'**Eubée.** 56 pièces AR.
10. De la **Thessalie** à l'**Eubée.** 148 pièces Æ.
11. **Asie Mineure.** 21 pièces AR.

12. **Asie Mineure.** 120 pièces Æ.

13. Rois de **Syrie, Perses, Parthes, Egypte**, etc. 34 pièces AR.

14. Rois de **Syrie, Perses, Parthes, Egypte, etc.** 175 pièces Æ.

MONNAIES ROMAINES

15. *As coulés.* 24 pièces Æ.

16. *Doubles deniers* et divisions. 14 pièces AR.

17. *As frappés* et divisions 81 pièces Æ.

Familles Romaines.

18. **Aburia** à **Antonia**. 21 pièces AR.
19. **Aquilia** à **Claudia**. 36 pièces AR.
20. **Cloulia** à **Fabia**. 32 pièces AR.
21. **Fannia** à **Junia**. 32 pièces AR.
22. **Licinia** à **Naevia**. 37 pièces AR.
23. **Norbana** à **Porcia**. 46 pièces AR.
24. **Procilia** à **Titia**. 38 pièces AR.
25. **Titcuria** à **Volteia**. 29 pièces AR.
26. Consulaires en petit bronze. 60 pièces Æ.

Impériales.

27. **Pompée, César, Antoine.** 30 pièces AR.

28. **Pompée** à **Auguste,** G. et M. B. 71 pièces Æ.

29. **Auguste, Tibère.** 28 pièces AR.

30. **Auguste, Livie, Agrippa,** M. et P. B. 138 pièces Æ.

31. **Tibère** à **Caligula,** G. et M. B. 74 pièces Æ.

32. **Tibère** à **Néron,** M. et P. B. 163 pièces Æ.

33. **Caligula,** revers d'Auguste. AR.

34. **Galba,** ℞. ROMA, Rome assise. G. B.

35. **Othon,** PAX ORBIS TERRARVM, la Paix debout. AR.

36. **Othon.** 3 pièces AR.

37. Id. potin et G. B. d'Antioche. 2 pièces.

38. **Vitellius,** ℞. PROVIDENTIA, Autel. M. B.

39. **Vitellius.** 6 pièces AR.

40. De **Caligula** à **Galba.** 22 pièces AR.

41. De **Néron** à **Galba,** G. B. 47 pièces Æ.

42. **Galba** à **Domitien,** M. et P. B. 166 pièces Æ.

43. **Vepasien, Titus, Julie.** 41 pièces AR.

44. **Vspasien, Titus, Julie,** G. B. 53 pièces Æ.

45. **Domitien, Nerva.** 47 pièces AR.

46. **Domitien, Nerva,** G. et M. B. 101 pièces Æ.

47. **Trajan.** 75 pièces AR.

48. **Trajan,** G. B. 53 pièces Æ.

49. **Trajan,** M. et P. B. 127 pièces Æ.

50. **Hadrien.** 103 pièces AR.

51. **Hadrien, Sabine, Aelius,** G. B. 132 pièces Æ.

52. **Hadrien, Sabine, Aelius,** M. et P. B. 174 pièces Æ.

53. **Sabine, Aelius.** 11 pièces AR.

54. **Antonin.** 100 pièces AR.

55. **Aelius, Antonin,** G. B. 142 pièces Æ.

56. **Antonin Faustine,** G. B. 52 pièces Æ.

57. **Antonin Faustine,** M. et P. B. 190 pièces Æ.

58. **Faustine** mère. 27 pièces AR.

59. **M. Aurèle Faustine** jeune. 69 pièces AR.

60. **M. Aurèle Faustine,** G. B. 131 pièces Æ.

61. **M. Aurèle Faustine,** M. et P. B. 168 pièces AE.

62. **L. Vérus** à **Crispine.** 66 pièces AE.

63. **L. Vérus** à **Crispine,** G. B. 118 pièces AE.

64. **L. Vérus** à **Crispine,** M. B. 79 pièces AE.

65. **L. Vérus** à **Crispine,** G. et M. B. 92 pièces AE.

66. **Pertinax,** un G. B. et 3 M. B. 4 pièces AE.

67. **Dide Julien,** ℟, P. M. TR. P. COS. La Fortune debout G. B.

68. **Dide Julien,** G. et M. B. 3 pièces AE. F.

69. **Albin.** ℟., FIDES LEGION COS II, deux mains tenant une enseigne. AR. T. B.

70. Id. Lot de 3 pièces. AR.

71. Id. Lot de 2 grands bronzes. AE.

72. **Septime Sévère, Julie.** 95 pièces AR.

73. **Julie, Caracalla,** 96 pièces AR.

74. **Plautille, Géta.** 20 pièces AR.

75. **De Sévère à Diaduménien.** G. et M. B. 94 pièces Æ.

76. **De Sévère à Diaduménien.** M. et P. B. 139 pièces Æ.

77. **Macrin.** ℟. SECVRITAS TEMPORVM. La Sécurité debout. AR. T. B.

78. **Macrin.** Pièces variées. 4 pièces AR.

79. **Macrin.** ℟. PONTIF. MAX. TR. P. COS. P. P. SC. La Félicité debout. G. B.

80. **Diaduménien.** ℟. PRINC. INVENTVTIS. Diaduménien debout à g. près de lui deux enseignes. AR. T. B.

81. **Diaduménien.** Même pièce. AR.

82. **Diaduménien,** grand et moyen bronze, même type. 2 pièces Æ.

83. **Elagabale, Maesa, Soaemias.** 60 pièces AR.

84. **Elagabale à Pupien.** G. B. 132 pièces Æ.

85. **Elagabale à Pupien.** M. et P. B. 167 pièces Æ.

86. **Julia Paula.** 4 pièces AR.

87. **Aquilia Severa.** ℟. CONCORDIA. La Concorde debout. AR.

88. **Sévère, Alexandre,** à **Maximin I.** 91 pièces AR.

89. **Orbiana.** ℟. CONCORDIA AVGG. La Concorde assise. AR.

90. **Maxime.** ℟. PIETAS et PRINC. INVENTVTIS. 2 pièces AR.

91. **Balbin.** ℟. CONCORDIA AVGG. Deux mains jointes. AR. T. B.

92. **Balbin.** Quatre autres pièces AR.

93. **Pupien.** 2 pièces AR.

94. **Gordiens** d'Afrique. Une pièce AR et 2 G. B., pièces coulées ou retouchées. 3 pièces.

95. **Gordien III.** 89 pièces AR.

96. **Gordien III** à **Philippe** fils. G. B. 118 pièces Æ.

97. **Gordien III** à **Valérien.** M. et P. B, 111 pièces Æ.

98. **Philippe** père, **Otacilie, Philippe** fils. G. B. AR. 62 pièces AR.

99. **Trajan, Dèce** à **Hostilien.** 28 pièces AR.

100. **Trajan, Dèce.** 2 médaillons. Æ.

101. **Trajan, Dèce,** à **Valérien.** G. et M. B. 133 pièces Æ.

102. **Gallus, Volusien, Æmilien.** 31 pièces AR.

103. **Æmilien.** G. et M. B., pièces retouchées. 2 pièces Æ.

104. **Valérien** à **Salonin.** 79 pièces AR.

105. **Mariniana.** 2 pièces AR.

106. **Gallien** à **Postume** G. M. et P. B. 110 pièces Æ.

107. **Gallien à Postume**. P. B. 210 pièces Æ.

108. **Postume, Victorin**. Billon et P. B. 113 pièces.

109. **Tetricus** père et fils. P. B. 53 pièces Æ.

110. **Macrien**. ℞. INDVLGENTIAE AVE (*sic?*). L'Indulgence est assise à gauche. P. B.

111. **Quiétus**. ℞. SOLI INVICTO. Le Soleil debout. P. B.

112. Lot de deux pièces frustes des mêmes règnes. P. B.

113. **Laélien, Marius**. P. B. 8 pièces Æ.

114. **Claude II, Quintille**. P. B. 216 pièces Æ.

115. **Aurélien, Séverine**. M. et P. B. 83 pièces Æ.

116. **Aurélien, Séverine** et **Vabalathe**. M. et P. B. 88 pièces Æ.

117. **Tacite, Florien**. P. B. 72 pièces Æ.

118. **Florien**. ℞. VIRTVS AVG. S. C. Florien tenant une haste et un globe allant à droite. M. B.

119. **Probus**. Plusieurs pièces très belles. P. B. 197 pièces Æ.

120. **Tacite**, **Probus**. Plusieurs pièces très belles. P. B. 73 pièces Æ.

121. **Carus**, **Numérien, Carinus**. Plusieurs pièces très belles. P. B. 77 pièces Æ.

122. **Dioclétien**. Plusieurs pièces très belles. M. et P. B. 180 pièces Æ.

123. **Maximien, Hercule**. Plusieurs pièces très belles. M. et P. B. 140 pièces Æ.

124. **Maximien, Hercule**. Plusieurs pièces très belles. M. et P. B. 84 pièces Æ.

125. **Carausius**. ℟. PAX AVG. La Paix debout à gauche. P. B.

126. **Carausius**. ℟. Revers variés. P. B.
4 pièces Æ.

127. **Allectus**. ℟. Le même. P. B.

128. **Allectus**. ℟. VIRTVS AVG. Galère. 2 pièces P. B.

129. **Romulus, César**. 2 M. B. et 2 P. B. 4 pièces Æ.

129 bis. **Licinius** père, **Licinius** fils. 87 pièces P. B.

130. **Constance, Hélène, Théodora**. Plusieurs pièces très belles. M. et P. B. 83 pièces Æ.

131. **Galère, Valérie, Sévère II**. Plusieurs pièces très belles. M. et P. B. 78 pièces Æ.

132. **Maximin d'Aza, Maxence, Licinius**. M. et P. B.
81 pièces Æ.

133. **Constantin I, Fausta**. M. et P. B. 368 pièces Æ.

134. **Crispus, Constantin II Delmatius**. P. B.
175 pièces Æ.

135. **Constans I** à **Arcadius**. G. M. et P. B.
325 pièces Æ.

136. Autre lot des mêmes pièces. M. et P. B. 262 pièces Æ.

137. **Magnence**. ℟. VICTORIA AVG. LIBROMANOR. Deux Victoires debout soutenant un trophée. OR. T. B.

138. De **Julien** à **Justinien**. 7 pièces AR.

139. **Sévère III, Justin.** Tiers de sous. 2 pièces OR.

140. **Jean II.** pièce concave OR.

141. **Justin, Justinien.** G. et M. B. 53 pièces Æ.

142. Grand lot de Byzantines de tous modules. 232 pièces Æ.

143. Lot de potins d'Égypte, d'Auguste et Antonin. 34 pièces AR.

144. Lot de la plus grande partie des médailles rares de l'Empire Romain, Grecques, etc., pièces coulées ou frappées Padouanes, etc. 167 pièces Æ.

145. Les 12 Césars, médaillons de la Renaissance, étain, cuivre, etc. 23 pièces.

146. Lot d'environ 600 Romaines de tous modules.

MONNAIES ROYALES DE FRANCE

Deuxième race.

147. **Pépin**, saigas. 2 pièces AR.

148. **Charlemagne**, *Melle*, deniers et oboles. 5 pièces AR.

149. **Charlemagne**, Pavie, pièce trouée. 1 pièce AR.

150. **Charlemagne et Grimvald**, triens. 1 pièce OR.

151. **Louis I**, son buste à droite ℟. METALLVM, instruments du monnayage. 1 pièce AR.

152. **Pépin I** d'Aquitaine, AQVITANIA, obole. 1 pièce AR.

153. **Lothaire I**, *Pavie*. 1 denier fourré.

154. **Louis II** d'Italie, deniers et obole. 5 pièces AR.

155. **Charles II**, Angers, le Mans, Blois, Orléans, etc. 7 pièces AR.

156. **Charles II et Jean VIII**, Pape. 1 pièce AR.

157. **Charles** de Provence, *Arles*. 1 pièce AR.

158. **Louis le Bègue**, *Arles*. 1 pièce AR.

159. **Louis III**, *Tours*. 1 pièce AR.

160. **Charles le Gros**, XPISTIANA RELIGIO, temple. 1 pièce AR.

161. **Eudes**, *Angers*, *Blois*, *Orléans*, *Tours*, *Limoges*, *Toulouse*. 6 pièces AR.

162. **Charles III**, *Bourges*, *Strasbourg*, Melle. 5 pièces AR.

163. **Lothaire II**, Bourges. 2 pièces AR.

164. **Conrad I**, Charles le Carlovinge? 2 pièces AR.

Troisième race.

165. **Philippe I**, *Senlis*. 1 pièce Billon.

166. **Louis VI**, *Paris*, *Pontoise*, *Nevers*, *Orléans*, etc. 6 pièces Billon.

167. **Louis VII**, *Paris*, *Angoulême*, etc., deniers et oboles. 15 pièces Billon.

168. **Philippe II**, *Arras*, *Paris*, *Laon*, etc. 16 pièces Billon.

169. **Louis VIII**, *Paris*, *Tours*. 6 pièces Billon.

170. **Louis IX**, **Philippe III**, gros tournois. 6 pièces AR.

171. **Philippe IV**, gros, royal ou chaise. 1 pièce OR.

172. **Philippe IV**, masse ou royal dur. 1 pièce OR. B.

173. **Philippe IV**, gros, deniers et oboles. 18, pièces AR et Billon.

174. **Louis X**, gros et deniers. 4 pièces AR. et Billon.

175. **Charles IV**, aigneil. 1 pièce OR.

176. **Charles IV**, royal. 1 pièce OR.

177. **Charles IV**, demi gros et deniers 7 pièces AR.

178. **Philippe VI**, royal. 1 pièce OR.

179. **Philippe VI**, écu. 1 pièce OR.

180. **Philippe VI**, Lion. 1 pièce OR.

181. **Philippe VI**, Pavillon. 1 pièce OR. B.

182. **Philippe VI**, Ange. 1 pièce OR.

183. **Philippe VI**, gros, deniers, etc. 16 pièces AR. et Billon.

184. **Edouard III**, demi, gros et deniers. 4 pièces AR. et Billon.

185. **Jean II**, franc à cheval. 1 pièce OR. B.

186. **Jean II**. Florin. 1 pièce OR.

187. **Jean II**, écu du rachat du roi. 1 pièce OR.

188. **Jean II**, gros, blanc, deniers, etc., et un préfort fruste 20 pièces AR. et Billon.

189. **Charles V**, franc à pied. 2 pièces OR. B.

190. **Charles V**, gros karolus, etc. 6 pièces AR. et Billon

191. **Charles VI**, gros, etc. 22 pièces AR.

192. **Henri VI**, salut. 2 pièces OR. T. B.

193. **Henri VI**, blancs et deniers. 6 pièces Billon

194. **Charles VII**, écu et demi-écu. 3 pièces OR.

195. **Charles VII**, aigniel. 1 pièce OR.

196. **Charles VII**, blancs. 7 pièces Billon

197. **Louis XI**, demi-écu. 1 pièce OR.

198. **Louis XI**, blancs, etc. 8 pièces Billon

199. **Charles VIII**, écu au soleil. 1 pièce OR.

200. **Charles VIII**, écu du Dauphiné. 1 pièce OR.

201. **Charles VIII**, blancs, deniers, etc. 11 pièces Billon et cuivre.

202. **Louis XII**, écu de Bretagne. 1 pièce OR.

203. **Louis XII**, teston de France. pièce forée.

204. **Louis XII**, gros, blancs, liards, etc. 7 pièces Billon.

205. **Louis XII**, gros, blancs, pour l'Italie. 5 pièces Billon.

206. **François I**, écu au soleil. 1 pièce OR.

207. **François I**, écu à la Salamandre. 1 pièce OR.

208. **François I**, écu du Dauphiné. 1 pièce OR.

209. **François I**, testons et demi, testons. 6 pièces AR.

210. **François I**, dixains, liards, etc. 7 pièces Billon

211. **Henri II**, double Henri. 1 pièce OR.

212. **Henri II**, testons à balancier. 2 pièces AR.

213. **Henri II**, testons au marteau et dixains. 5 pièces AR et Billon.

214. **Charles IX**, écus, d'or. 2 pièce OR.

215. **Charles IX**, testons, demi et Billons.
12 pièces AR. et Billon.

216. **Henri III**, écu au soleil. 1 pièce OR.

217. **Henri III**, francs, demi, testons. 10 pièces AR.

218. **Henri III**, quarts et huitièmes d'écu. 7 pièces AR.

219. **Henri III**, gros, dixains, etc. 6 pièces Billon.

220. **Henri III**, demi-franc frappé par les ligueurs en 1590.
rare AR.

221. **Charles X**, quarts d'écus, dixains, liard.
9 pièces AR. et Billon.

222. **Henri IV**, écu au soleil. OR.

223. **Henri IV**, demi-franc. 4 pièces AR.

224. **Henri IV**, quarts et huitième d'écu. 7 pièces AR.

225. **Henri IV**, billon, et cuivre, siége de Cambray 7 pièces

226. **Louis XIII**, écu au soleil 1 pièce OR et T. B.

227. **Louis XIII**, louis et demi-louis. 2 pièces OR.

228. **Louis XIII**, demi-franc. 2 pièces AR.

229. **Louis XIII**, quarts et huitièmes d'écu. 6 pièces AR.

230. **Louis XIII**, écu blanc et divisions. 7 pièces AR.

231. **Louis XIII**, pièce pour épouser, denier.
Etc. 4 pièces AR. et OR.

232. **Louis XIV**, louis de 1651. 1 pièce OR.

233. **Louis XIV**, quart d'écu. 2 pièces AR.

234. **Louis XIV**, écu blanc et divisions. 11 pièces AR.

235. **Louis XIV**, écu blanc à la longue mèche. 2 pièces AR.

236. **Louis XIV**, écu pour la Navarre. 1 pièce AR.

237. **Louis XIV**, écu et divisions aux divers types.
15 pièces AR.

238. **Louis XIV**, demi-écu pour la Flandre et divisions.
3 pièces AR.

239. **Louis XIV**, demi-écu Strasbourg. 2 pièces AR.

240. **Louis XIV**, billons et cuivres. 9 pièces.

241. **Louis XV**, écu dit vertugadin et divisions 5 pièces AR.

242. **Louis XV**, écu au louis d'argent 2 pièces AR.

243. **Louis XV**, demi-écu et divisions. 5 pièces AR.

244. **Louis XV**, demi-écu au bandeau et divisions. 9 pièces AR.

245. **Louis XV**, écu lauré et 6 autres pièces. 7 pièces AR.

246. **Louis XV**, billons, pièces des Colonies, etc.
21 pièces billon et cuivre.

247. **Louis XVI**, louis et demi-louis. 2 pièces OR et B.

248. **Louis XVI**, écu et divisions. 14 pièces AR.

249. **Louis XVI**, demi-écu et divisions, type constitutionnel. 5 pièces AR. B.

250. **Louis XVI**, double sou, sous-liards, etc. 12 pièces.

251. **République**, décimes et divisions avec la tête de la Liberté. 11 pièces Æ.

252. **République**, six livres 1793. 1 pièce AR.

253. **République**, dixain, pièces d'essai avec l'Ange debout 4 pièces Æ.

254. **République**, lot de belles pièces des Monnerons, etc. 14 pièces Æ.

255. **République**, six blancs de Montagny, assignats Lefevre. 7 pièces billon.

256. **République**, six sous de Potter et essai de Muller. 2 pièces et Billon.

257. **République**, cinq sols de Brézin et 10 centimes d'essai de 1794. 3 pièces Æ

258. **République**, *Mantoue*, *Mayence*, etc. 8 pièces AE.

259. **République**, *Marengo*, 20 francs, an IX. OR TB.

260. **Napoléon I^r^**, 5 francs et divisions. 17 pièces. AR.

261. **Napoléon I**. 14 pièces billon et Æ.

262. **Marie-Louise**, **Louis-Joseph**, **Jérôme**, etc. 14 pièces AR.

263. **Napoléon II**. 8 pièces Æ

264. **Louis XVIII, Charles X** 6 pièces AR.

265. **Louis XVIII.** 18 pièces Billon et Æ.

266. Henri V, 5 francs, les 2 types et divisions. 6 pièces AR.

267. **Louis-Philippe,** monnaies, essais, etc, 25 pièces billons et Æ.

268. **Napoléon III,** 5 francs de Bovy, NAPOLÉON III PAR LA GRACE DE DIEU ET LA VOLONTÉ NATIONALE, essai. AR. 2 pièces et billon.

269. **Napoléon IV,** 5 francs et divisions, pièces fabriquées en Belgique. 6 pièces AR.

270. Le général de **Mac-Mahon,** 5 francs. 1 pièce AR.

271. Un très grand lot de monnaies françaises depuis Henri III jusqu'à nos jours. Æ.

MONNAIES SEIGNEURIALES

272. **Aquitaine Edouard,** prince de Galles pavillon. OR.

273. **Aquitaine,** monnaies diverses. 9 pièces AR et billon.

274. **Anjou,** deniers et oboles. 22 pièces AR et billon.

275. **Béarn, Navarre,** Testons, etc. 10 pièces AR et billon.

276. **Bretagne Conan IV** denier de billon,

277. **Bretagne,** monnaie des divers ducs. 34 pièces, billon.

278. **Bretagne,** *François Ier et II,* écus. 2 pièces OR.

279. **Bourgogne, Franche-Comté** 21 pièces billon,

280. **Brabant**. 7 pièces AR et billon.

281. **Cambrésis,** florin. 1 pièce OR.

282. **Champagne,** deniers et obole. 17 pièces billon.

283. **Chartres,** etc. Deniers et oboles 8 pièces Billon.

284. **Dauphiné,** *Humbert II*, Florin 1 pièce OR.

285. *Vienne*, gros, etc. 15 pièces AR. et Billon.

286. **Dombes,** testons blancs, etc. 15 pièces AR. et Billon.

287. **Flandres,** plaques, blancs, mailles, etc.
40 pièces AR. et Billon.

288. **Hainault,** plaques, blancs, mailles, etc.
8 pièces AR. et Billon.

289. **Languedoc, Toulouse,** etc. deniers et oboles
20 pièces AR. et Billon.

290. **Picardie,** *Amiens*, *Laon*, *Soissons*, etc.
4 pièces AR. et Billon.

291. **Beauvais**, *Henri de France*, évêque,
très rare AR. denier.

292 **Fauquembergue,** *Eléonore*, id. denier.

293. **Provence,** *Charles* 1, salut OR. B.

294. **Provence,** *Jeanne*, Franc à pied

295. **Provence,** gros, deniers, etc. 15 pièces AR. et Billon.

296. **Arles,** *Etienne de la garde*, Florin. OR.

297. **Lorraine** et **Alsace,** testons, gros, etc, etc.
74 pièces AR. et Billon.

298. **Princes croisés,** gros, deniers, etc.
13 pièces AR et Billon.

299. Monnaies de diverses provinces, deniers et oboles
33 pièces AR. et Billon.

MONNAIES ETRANGÈRES

300. **Angleterre,** monnaies diverses 21 pièces AR

301. **Angleterre,** de cuivre Tokens, etc. 250 pièces AE.

302. **Allemagne, Autriche,** etc. doubles thalers et divisions.
49 pièces AR.

303. **Allemagne, Autriche,** 148 pièces Billon.

304. **Allemagne, Autriche,** grand lot de pièces de cuivre.

305. **Italie, Grèce, Turquie,** 75 pièces AR. et Billon.

306. **Italie, Grèce, Turquie,** 150 pièces Cuivre.

307. **Amérique, Perse, Chine,** etc. 57 pièces AR.

308. **Amèrique, Perse, Chine,** etc. 140 pièces AE.

309. **Russie, Pologne, Suède,** etc. 78 pièces AR.

310. **Russie, Pologne, Suède,** etc., un grand lot de monnaies de cuivre ; plusieurs rares.

311. **Suisse**, Monnaie de tous les cantons.
184 pièces AR. et Billon.

312. **Belgique** et **Pays-Bas**. 1 lot. AR. et Billon.

313. **Belgique** et **Pays-Bas**. 215 pièces AE.

314. **Espagne** et **Portugal**. 68 pièces AR.

315. **Espagne** et **Portugal**, un grand lot de pièces de cuivre.

316. **Rome**, monnaies papales. 22 pièces AR.

317. **Rome**, monnaies des villes, etc. 65 pièces AE.

318. Jetons français. 13 pièces AR.

319. Jetons français. 242 pièces AE.

GRANDES MÉDAILLES

320. Collection des rois de France, module des jetons.
71 pièces AE.

321. Françaises, rois, grands hommes, etc. mod. ord. 63 pièce AE.

322. Françaises, rois, grands hommes, etc. gd. mod. 20 pièces AE.

323. Françaises, rois, grands hommes, etc. m. mod. 30 pièces AE,

324. Françaises, rois, grands hommes, etc. p. mod. 46 pièces AE.

325. Françaises, rois, grands hommes, etc. div. mod. 42 pièces AR.

326. *Révolution Française*, plusieurs rares. 47 pièces AE.

327. *République Romaine*. 29 pièces AE.

328. Bulles des Papes. 20 pièces Plomb.

329. Papales, sièges vacants, etc., petites pièces. 45 pièces AE.

330. Papales, moyens modules. 40 pièces AE.

331. Papales, lot, moyens modules. 40 pièces AE.

332. Papales, lot, moyens modules. 40 pièces AE.

333. Papales, lot, moyens modules. 40 pièces AE.

334. Papales, lot, moyens modules, 40 pièces AE.

335. Papales, lot, grands modules. 40 pièces AE.

336. Papales, lot, très grands modules. 16 pièces AE.

337. Papales, divers modules. 11 pièces AR.

338. Lot de clichés, médailles, plombs de 1848, etc. 195 pièces.

339. Lot de décorations, *Napoléon III*, *République*, *Henri V*. 6 pièces AR.

340. Lot de médailles religieuses. 63 pièces AE.

341. Lot de poids monétaires depuis Henri IV. AE.

342. Lot d'assignats.

343. Lot de reproductions de médailles en soufre, verre Plâtres, etc. Rois de France, grands hommes, etc.

MÉDAILLES ARTISTIQUES

344. DIVA ANTONIA BAVTIA DE GONZ MAR. Son buste à droite. ℟. SVPER EST. M. SPES. Génie dans un char à gauche. AE.

345. IMP. CAES CAROLVS V AVG. Son buste lauré à droite. ℟. IN. SPEM. PRISCI HONORIS. Le Tibre assis à gauche; dessous, TYBERIS. Rare AE.

346. MAPH. S. R. E. P. CAR. BARBERINI. SIG. IVST. PRAE. BONO. LEG. Son buste à droite ℟. Lisse. AE.

347. Charles de Laubépine. ℟. HOC MONVMENTUM, etc. AE.

348. Louis XIII. ℟. le Val de Grâce. AE.

LIVRES DE NUMISMATIQUE, ETC.

349. *A. de Barthélemy.* Numismatique ancienne et moderne, 2 vol. in-18 et atlas.

350. *Blaremberg.* Médailles d'Olbiopolis, broch. in-8.

351. *Bonneville.* Traité des monnaies courantes, Paris 180[illegible]. 1 vol. folio, pl.

352. *Cadalvène.* Recueil de médailles grecques inédites, in-4 pl.

353. *Duchalais.* Description des médailles gauloises, 1 vol. 8 pl.

354. *Dumersan.* Description des médailles antiques de M. Allier de Hauteroche, in-4°, pl.

355. *Havercamp.* Médailles du cabinet de la reine Christine, 1 vol. f°, pl.

355. *Vanhende.* Numismatique lilloise, 1 vol. in-8, nombreuses planches.

357. *Hennin.* Manuel de numismatique ancienne, 2 vol. in-8 et atlas.

358. *Jobert.* La science des médailles, 1 vol. in-12, 1715.

359. *Kolb* (Gérard-Jacob). Traité de numismatique ancienne, 2 vol. in-8, pl.

360. *Le Coq-Kerneven.* Traité des inscriptions monétaires. Rennes, 1869, 1 vol. in-8.

361. *A. de Longpérier.* Description des médailles du cabinet de M. de Magnoncourt. 1 vol. 1-8 pl.

362. *Lorrich.* Recherches sur les médailles celtibériennes, tom. 1, pl. 1 vol. in-4.

363. *Poey-d'avant,* Monnaies féodales de France. 3 vol. in-4., pl.

364. *Ris-Paquot.* Dictionnaire des marques et monogrammes des faïences, etc. 1 vol. in-8.

365. *De Saulcy.* Recherches sur les monnaies des ducs de Lorraine, 1 vol., 4 pl.

366. *Vaillant.* Num. Imperatorom Graece, 1 vol. in-4, pl.

367. *Vaillant.* Num. Imperatorum, colonies, 1 vol. in-4.

368. *Voillemier.* Essai sur les monnaies de Beauvais, 1 vol. in-8, planches.

370. Annuaires de la Société de numismatique, tomes II et III, et quantité de mémoires, comptes rendus, etc. in-4.

371. Un grand lot de catalogues, brochures, etc.

37.2 Un grand médailler en chêne sculpté, composé avec d'anciens bahuts. Il est formé de deux corps, qui peuvent être séparés. — Celui du bas: longueur 1 m. 11 cent.; hauteur, 69 cent.; largeur, 58 centimètres. — Celui du dessus: hauteur, 1 m. 19 cent.; longueur, 96 cent., largeur 48 cent. Ce meuble est muni de grands et petits tiroirs avec cartons et casiers en bois bien divisés.

www.ingramcontent.com/pod-product-compliance
Ingram Content Group UK Ltd.
Pitfield, Milton Keynes, MK11 3LW, UK
UKHW020228180726
13838UKWH00005B/2257